VOLHA HAPEYEVA
IN MY GARDEN
OF MUTANTS

Translated and introduced by
Annie Rutherford

PUBLICATIONS
2021

Published by Arc Publications,
Nanholme Mill, Shaw Wood Road
Todmorden OL14 6DA, UK
www.arcpublications.co.uk

978 1906570 96 5

Design by Tony Ward

Cover image:
Painting by Necla Rüzgar, © 2015 'InnerFauna I' (oil and
acrylic on canvas, 130 x 200 cm). The publishers are grateful to
the artist and to İstanbul Modern Art Museum Collection for
the kind provision of the cover image.

ACKNOWLEDGEMENTS
'he bought her a dress' was first published in *Tint Journal*;
'drink, my girl, drink' was first published in *Hopscotch*; 'the
heart regenerates' was first published in *Modern Poetry in
Translation*; 'determining the size', 'today I have to write
a poem' and 'where snow falls today' first appeared with
Versopolis.

This book has been selected to receive financial assistance from
English PEN's 'PEN Translates' programme, supported by Arts
Council England. PEN exists to promote literature and our
understanding of it, to uphold writers' freedoms around the world,
to campaign against the persecution and imprisonment of writers
for stating their views, and to promote the friendly co-operation of
writers and the free exchange of ideas. www.englishpen.org

Contents

Introduction

Until August 2020, it would have been fair to presume that many British readers weren't even aware of the existence of Belarus. The media rarely reported on this insular police state on the far side of Europe. Very few contemporary Belarusian works are available in English, and those which have been translated are mostly by Russian-language authors. The choice to write in Belarusian in this two-language state is very much a political one, and UNESCO classifies the Belarusian language as vulnerable.

But Belarusian is a living and a literary language. The peaceful protests which erupted in the wake of rigged elections in August, and which have kept up their momentum despite brutal repression, have shown the world a culture dating back to the sixth century which is creative, resilient, hopeful. In this context, it is both necessary and humbling to be publishing authors like Volha Hapeyeva.

Volha is one of the leading poets on the Belarusian scene. Her off-kilter yet sensitive lyricism interweaves rigorous research with emotional immediacy and an often surreal vision. The arc of poems in this collection delves into themes of the gendered body, political injustices (be these subtle or acute) and the fallacies of memory, as well as drawing on Volha's background as a linguist. Amongst them, Volha's elliptical responses to the war in Ukraine offer a much closer perspective of this crisis at the edge of Europe than we often have the chance to encounter, presenting a vital reminder of a conflict which continues to devastate lives.

Above all though, *In My Garden of Mutants* offers poems to lose yourself in, poems – sometimes – to laugh with, poems which unsettle worlds and words and which stare back at us with large eyes.

Annie Rutherford

ช

ніколі не думала што так цяжка насіць сукенку
спадніцу абцасы каралі
і не ператварыцца ў калядную елку
ці ператварыцца і не звяртаць увагі
гэта сапраўды цяжка
быць упісанай у цела
якое магчыма і не хацела
каб я ў яго была ўпісана
і менавіта так апранала
як апранаю

можа яно хацела стаць больш бачным для навакольных
і пэўна на мае кашулі вольнага крою
злуецца
а я злуюся ў адказ
забываючыся што кожная з нас
ці кожны
быў голым народжаны
ці была...

у калідоры перад люстэркам
узгадваю вачыма ўсё што з намі было
і яно
глядзіць на мяне панура
бо сёння зноў не тое я апранула

✍

I never thought it this hard to wear a dress
skirt heels necklace
without transforming into a tree at Christmas
or to transform and not notice
it's so hard
being inscribed in a body
which maybe didn't even want
to have me inscribed in it
and to be dressed just the way
that it is

maybe it wanted to be seen more by those around me
and so my baggy shirts
enrage it
while I'm enraged by it in return
forgetting that every woman among us
and every man
was born naked

before the mirror in the hallway
I use my eyes to remember everything we've been through
and it looks at me
sullenly
for today, once again
I am wearing something that doesn't quite fit

*

пі дзетанька пі

піжма
шалфей
канюшына
лаўровае лісце
багун

пі дзетанька пі

малако з ёдам
касторку з апельсінавым сокам
не чуеш?
аглухла ад хіны?
не ты першая не ты апошняя

дзякуй, мая харошая, за адказ на незададзенае пытанне
выпрабаванне горшае за раненне
магло скалечыць жыццё
заняла грошай, рэчаў узяла што пакаштоўней
і паехала шукаць добрага дзядзю ці цёцю

пі дзетанька пі

не падумайце што вар'ятка проста выбару ў мяне няма
доктар у горадзе
ехаць туды няма грошай і малога няма з кім пакінуць
муж на працы заўсёды
і яшчэ крэдыты

пі дзетанька пі

асудзіць можа кожны
калі ж сама на мяжы стаіш
разумееш іншых

✄

drink, my girl, drink

cow bitter
sage
clover
bay leaf
wild rosemary

drink, my girl, drink

milk and iodine
castor oil and orange juice
can't you hear?
did the quinine make you deaf?
you're not the first, won't be the last

thank you, dearest, for answering the unasked question
being tested like this is worse than being injured
it could mutilate my life
I borrowed money, took some jewellery
and went to look for a friendly Jane to help

drink, my girl, drink

don't think I'm crazy, I had no choice
the doctor's in the town
there's no money to go and no one to stay with the little one
my husband's always working
and then there's the loans

drink, my girl, drink

anyone can judge
but when you're standing on the edge yourself
you understand

я не хацела але ўсе былі супраць
думала што палюблю
але не – кожны дзень слёзы

пі дзетанька пі

можаш як і сто год таму
скочыць са стала, бінтавацца як найтужэй
з'есці пораху ці тоўчанага бурштыну
або фосфару,
каб потым доктар напісаў
што з вядомых яму 13 выпадкаў
усе 13 памерлі

засаджвай сябе цыбуляй
вырошчвай унутры фікусы і філадэндраны
торкай у сябе конскі волас, галіны, жалезныя стрыжні
памятаеш як у газавай камеры – раз і ўсё выйшла
так і ў ванне дзе нясцерпна сядзець ад кіпеню

але яна сядзіць
бо
сорам і вусціш заўсёды побач
угаворваюць патрываць
прапаноўваюць тысячы варыянтаў
з якіх 999 несумяшчальны з жыццём
але сумяшчальныя з годнасцю
выдуманай
тымі самымі сорамам і вусцішам

I didn't want it but they wouldn't let me do it
I thought I'd learn to love it
but no: every day there are tears

drink, my girl, drink

or like a hundred years ago you could
jump from the table, bind your stomach as tightly as possible
eat gunpowder or crushed amber or phosphorus
so that later a doctor will write
that of the 13 cases he knew
all 13 died

plant yourself with onions
grow fig trees or philodendrons inside
poke yourself with horsehair, branches, iron rods
do you remember what happened in the gas chambers –
                                    how it all came out at once
it's like this in the bathtub where the boiling water makes it
                                        unbearable to sit

but still she sits
because
shame and despair are always close by
talk her into patience
suggest a thousand options
999 of which are incompatible with life
though compatible with the honour
invented by
this shame, this despair

ঞ

павольней за іншыя органы
рэгенеруецца сэрца
і цалкам
ніколі не абнаўляецца
так напісана ў падручніку

значыцца
думаю
усе хто туды патрапіў там застануцца

у кагось сатрэцца левая частка цела
знікне твар
і на месцы старога вырасце новы
перамяшаюцца мовы
імёны гады

мой сад мутантаў
дзе заблукалі мы

℘

the heart regenerates
more slowly than other organs
and is never renewed completely
that's what it says in the textbook

this means
I think
that everyone in there will remain

the left side of one person's body will be erased
a face will disappear
a new one growing in place of the old

languages, years, names
will intermingle
in my garden of mutants
where we lost our way

ℒ

прымусовае шчасце раздавалі ўчора
на нейкай там штрасэ
да мяне падышлі і сказалі
у вас такія няправільныя вочы вазьміце сабе кавалак
я прынесла яго дадому паставіла ў шафу
інструкцыю не прачытала
а аказалася
з ім трэба было жыць

∅

mandatory happiness was being handed out
on some Straße yesterday
they ran up to me and said
you have such irregular eyes
do take some
I took it home, stuck it in a cupboard
without looking at the instructions
turns out
I have to live with it

я

цяперашні час даецца мне цяжка
мінулы ведаю лепш
там і жыву
вось бы як у кіно
згубіць памяць
і тых хто там прапісаўся
не маючы майго на тое дазволу
тады кожную згадку буду спакойна здымаць
як волас з пляча паліто
не здолеўшы прыгадаць ужо
чыйны

the present tense is giving me difficulties
I am better at the past
and so I live there
if only it were like in those movies
me losing my memory
and the people who've moved into it
without my permission
I'd calmly remove each recollection of them
like a hair off a coat shoulder
already unable to recall
whose it was

жыву ў гатэлі насупраць касцёла
  вечарам п'ю віно каля сінагогі
    суразмоўцу знаходжу непадалёк ад мячэці
      падарунак атрымліваю на выйсці з царквы
у засені явару гляджу на ўцехі адных і пакуты іншых
калі бяздомны сабака кладзецца ля ног
прывітаннем ад будды

ॐ

I'm staying in a hotel by the catholic church
   in the evening I drink wine near the synagogue
      I find my companion not far from the mosque
         buy a gift at the door of the orthodox church
from the shade of the sycamore I watch the joys of some, the
                                          sufferings of others
a stray dog lies down at my feet
a greeting from Buddha

amores perros

мне прыносілі чакаляду
дарылі сукенкі
нават здаралася кветкі
прысвячалі вершы
    а я хацела сабаку
мне казалі што я прыгожая
незвычайная добрая
і разумная
я не верыла і толькі злавалася
    бо хацела сабаку
тыя што прыносілі чакаляду
дарылі сукенкі і прысвячалі вершы
браліся шлюбам разводзіліся
хтось паміраў
    а я ўсё хацела сабаку
і як у Астрыд Ліндгрэн
казалі яны
малыш, навошта табе сабака, мы ж лепш за сабаку
у нявер'і прымружвала я вока
і далей сядзела на падваконні
    думаючы пра сабаку
якой ён пароды
ці трэба яго вычэсваць
ува што ён любіць гуляцца
ці патрэбна дрэсура
ці разумее без словаў
проста гледзячы мне ў вочы
і аднойчы
па дарозе з басейна я пачула як за мною бяжыць нехта
выбач што так доўга цябе шукаў
мы абняліся і ён распусціўся
самай гаючай пігулкай
затапіўшы сабой кратар
што зеўраў унутрох
мой сабака
мая самалюбоў

amores perros

they brought me chocolates
gave me dresses
on occasion even flowers
they dedicated poems to me
    when what I wanted was a dog
they told me I was beautiful
exceptional clever
and kind
I didn't believe them and was merely angry
    for I wanted a dog
the people who brought chocolates
gave dresses and dedicated poems
got married divorced
somebody died
    and I still wanted a dog
and like in that Astrid Lindgren story
they said
Smidge, what do you want a dog for, we're better than a dog
I closed my eyes in disbelief
and remained seated on the windowsill
    thinking about my dog
what breed is it
does it need brushing
what does it like to play
does it need to be trained
or will it understand me without words
just by looking into my eyes
and then one time
on my way back from the pool I heard someone running
after me
I'm sorry it took me so long to find you
we embraced and it dissolved
like the most healing of pills
flooding a crater
which gaped within me
my dog
my selflove

ℒ

яна была маёй самай першай сяброўкай,
прыгожай дзяўчынкай з рэдкім імем і валасамі да попы
і сяброўства наша было такім моцным
што калі нам было шэсць
мы думалі ажаніцца

шлюб здаваўся нам тым што гарантуе магчымасць быць разам
заўсёды

ейная мама, як і я, грызла пазногці
і тады сяброўка ганіла нас
і мы з мамай пачуваліся дзецьмі а яна – дарослай

нашмат пазней я даведалася што ейная мама ставіла мяне ў
    прыклад
таму што я
хто б мог падумаць
насіла піжаму
а ейная дачка – не

такое непрадказальнае захапленне

і толькі аднойчы я бачыла як яна раптам заплакала
калі словы кінутыя хлопцам
вышылі жоўтую зорку на рукаве ейнага паліто

у той дзень я доўга плакала дома на кухні
і састарэла на ўзрост чалавечай нянавісці

пасля нешта здарылася
і мы перасталі бачыцца

з'явіліся мабільныя тэлефоны
у самалёты забаранілі праносіць вадкасць
дзе-нідзе дазволілі афіцыйна стасункі з любым чалавекам

℘

she was my very first friend
this beautiful girl with a rare name and hair down to her bum
our friendship so tight
that when we were six
we talked of getting married

marriage seemed to guarantee
the possibility of staying together
always

her mother, like me, bit her nails
and my friend told us off
and the mum and I felt like children and my friend like the grown up

much later, I learned that her mum pointed to me as an example
because I
– who would have thought? –
wore pyjamas
and her daughter did not

such unexpected admiration

and I only saw her burst into tears once
when words thrown by a boy
stitched a yellow star onto her coat sleeve

that day I cried for hours back home in the kitchen
and I grew old, as old as human hatred

but then something changed
and we stopped seeing each other

mobile phones appeared
liquids were banned on planes
some places legalised a relationship with any person

мая сяброўка пахавала маці
займела сям'ю
якую так доўга хацела
(пра што я і не ведала
як і пра шмат чаго іншага
балючага і няпростага)

і толькі аднойчы яна сказала
часам я трымаюся за паветра

і я падумала як жа гэта несправядліва
і якую трэба мець мужнасць
каб трымацца не за сяброў, мужа ці сваякоў
а за паветра

цяпер яна чытае сваім дочкам мае кніжкі
і магчыма таксама ставіць мяне ім у прыклад
хоць я болей і не нашу піжамаў
затое стаўлю ў прыклад
маю сяброўку і іншых жанчын
што трымаючыся адно за паветра
трымаюць усіх нас

my friend buried her mother
started a family of her own
which she had longed for so much
(I hadn't known
like many other things
painful and uneasy)

and she only once said
sometimes I hold onto the air

and I thought just how unfair this was
and that you need so much courage
to hold on not to friends or a husband or relatives
but onto the air

now she reads my books to her daughters
and perhaps she too points to me as an example
although I don't wear pyjamas anymore

while I point to
my friend and other women
who holding on only to the air
hold us all

*

трэба напісаць новы верш сёння
кажаш ты зранку

пра чорнага сабаку
які быў маёй адзінотай

лепш напішы пра качку якая была тваёй радасцю
раю я
і ўжо бачу як яна робіцца часткаю верша

але сёння ты ў меланхоліі
рэдка смяешся з жартаў
і зусім не разглядаеш качку сваім персанажам
няўклюда
нязграба
пасуе адно калыханкам лімерыкам
а табе трэба пісаць сур'ёзны ўдумлівы тэкст
і мы з качкай застаёмся па гэты бок няўяўнай рэальнасці
а ты з сабакам па той
і адзінае месца дзе мы ўсе сустракаемся
гэты верш

ς

today I must write a new poem
you say this morning

about the black dog
who was my solitude

you should write about the duck who was your joy
I advise
and already I can see it becoming part of the poem

but today you are in melancholy
hardly laugh at jokes
and just don't see the duck as one of your characters
a fool
an oaf
fitting only for lullabies, limericks
and you have to write a serious, thoughtful text
so me and the duck are left on this side of inconceivable reality
while you and the dog are on the other
and the only place we can all meet
is in this poem

ℒ

ён набыў ёй сукенку
як развітальны дарунак
на свой дзень нараджэння

ці носіць яе цяпер
цікава

свае сукенкі я набываю сама
падарункі мне – дзіўная практыка
асабліва калі ад мужчын

можа праз леві-строса?
так доўга была падарункам сама

даваць і прымаць
і прымаючы аддаваць
сімвалічная пустата
вяжа нас

замест мужчын і жанчын
мы абменьваемся гісторыямі пра іх
у надзеі
зрабіцца хаця б далёкімі
сваякамі

∅

he bought her a dress
as a farewell present
on his birthday

whether she still wears it
I wonder

my own dresses I buy myself
gifts are a strange practice, I think
particularly those from men

perhaps because of Lévi-Strauss?
I was a present myself for so long

giving and receiving
and receiving so as to give away
a symbolic void
binding us

in place of men and women
we exchange their stories
with the hope
of becoming – at least – distant
relatives

13 кастрычніка

на чорным фоне жоўты арнамент з кветак
я разглядаю здымак
думаю
тое кавалак шпалераў або фіранка?

як дрэва зімой што скінула лісце
крэсла
ў куце агаліла каркас

і такое блакітнае неба
сонечны дзень
13 кастрычніка

Агрыпіна прыносіць талерку грыбоў
свайму мужу той памірае
саступіўшы трон ейнаму сыну Нерону

Малер дае свой першы канцэрт

святкуе народзіны Маргарэт Тэтчэр

Грынвіч робіцца нулявым мерыдыянам

Ларыса і Насця слухаюць рубрыку
гэты дзень у гісторыі
значныя падзеі і значныя людзі

вось Насценька, добра вучыся
можа і пра цябе раскажуць па тэлевізіі

Ларыса працуе ў краме, Насця студэнтка ў медвучэльні

мамо, а ты ведала што сцегнавая костка
самая вялікая ў целе чалавека
а крывяносных судзін у нас ажно 100 тысяч кіламетраў

13 October

a yellow pattern of flowers in the background of black
I inspect the photo
think
is that a piece of wallpaper or a curtain

like a winter tree which has shed its leaves
an armchair
in the corner exposes its bones

and such a blue sky
a sunny day
13 October

Agrippina gives a plate of mushrooms
to her husband, he dies
leaving the throne to her son, Nero

Mahler gives his first concert

Margaret Thatcher celebrates her birthday

Greenwich is made Prime Meridian

Larysa and Nascia are watching
This Day in History
important dates, important people

see, Nascia, sweetheart, study hard
and maybe one day they'll talk about you on TV

Larysa works in a shop, Nascia studies medicine

mum, did you know the femur is
the longest bone in the human body
and we contain up to one hundred thousand kilometres of blood vessels?

мая ты разумніца, хадзем есці

асколкавае раненне грудной клеткі з пашкоджаннем унутраных
    органаў
ірваныя раненні сцёгнаў
пералом костак чэрапа

чытаю апісанне траўм
думаю:
як гэта пабачыць на ўласныя вочы тую самую вялікую костку
не на макеце ў класе
а на ўласнай назе
і яшчэ 20 хвілін спадзявацца
што прыедзе хуткая і выратуе
і цябе і маму і ўсіх-усіх

але то зона абстрэлу
і хуткая не паедзе
і 100 тысяч кіламетраў судзін зробяцца ўраз непатрэбнымі
бо тое што па іх цякло
усё выцекла

мамо, вось я і патрапіла ў навіны
аказалася самае вялікае маё дасягненне – загінуць ад абстрэлу гармат
у міжнародны дзень па зніжэнні рызыкі бедстваў

нязначны дзень у гісторыі
нязначных людзей

there's my clever girl, let's go have dinner

missile wound to the thorax with damage to internal organs
lacerations to the thighs
a fractured skull

I read the account of the injuries
think:
what is it like to see that longest bone in the body with your own eyes
not on the mannequin in the classroom
but on your own leg
and for twenty whole minutes to hope
that the ambulance will come and save
you and mum and everyone

but this is the firing zone
and the ambulance will not come
and one hundred thousand kilometres of vessels are suddenly
    redundant
because what had flowed inside them
has completely run out

mum, look, I'm on the news
turns out my greatest accomplishment was to die from shelling
on the international day for disaster reduction

an unimportant day in history
for unimportant people

ℒ

флёкс

паходзіць ад грэцкага полымя

думаў пэўна пра зыркія колеры
той хто яго так называў

хаця на карціне "Жанчына з флёксамі" – форма істотней
выстава кубістаў, пачатак былога стагоддзя

на мове кветак флёксы – адзінства сэрцаў

на мове вайскоўцаў – артылерыйская ўстаноўка
адметнасць якой звышшчыльнасць абстрэлу
журналіст піша :
на заводзе разлічваюць, новы баявы сродак
знойдзе свайго спажыўца

у царстве вайны
ёсць і іншыя кветкі

гіяцынт – гармата, калібру 152 міліметры
(як адтуліна вадасцёкавых труб)
гваздзік – гаўбіца калібру 122 міліметры
(як грэйпфрут)
васілёк – мінамёт, радыус паражэння 18 метраў
(як грэнландскі кіт)

можа гэта і ёсць кветкі зла
на якія злятаюцца адпаведныя матылькі
а дакладней
матыльковыя міны
яны змяшчаюцца на далоні
і важаць усяго 90 грамаў

ॐ

phlox

comes from the Greek for flame

perhaps whoever named it
was thinking of its bright colour

though in the painting 'La femme aux Phlox' it's the form
                                          which impresses
the Cubists' exhibition at the start of the last century

in the language of flowers phloxes are united hearts

in the language of war it's an artillery unit
remarkable for its accuracy of fire
a journalist writes:
the factory is confident this new weapon
will find its consumer

in the kingdom of war
there are other flowers too

hyacinth: a gun with a 152mm calibre
(like a drainpipe hole)
carnation: a 122mm howitzer
(like a grapefruit)
cornflower: a mortar with a range of 18 metres
(like a bowhead whale)

maybe these are the *flowers of evil*
to which certain butterflies flock
or rather
butterfly mines
these fit in your palm
and weigh only 90 grams

як нованароджанае кацяня
ці кавалак мыла
узважваю яго на руцэ

у ванным пакоі бяспечна і ціха

наіўная праставатасць

гіяцынты гваздзікі і флёксы
палымнеюць на суседнім двары

like a newborn kitten
or a bar of soap
I weigh it in my hand

the bathroom is quiet and safe

trusting naivety

hyacinths carnations and phloxes
blaze in the neighbour's yard

там дзе сёння выпадзе снег
не будзе мяне
там дзе маўчанне ёсць спробай прызнання
намераў чужых не разабраць
і можна доўга глядзець на адбітак у шкле
уяўляючы кароткую стрыжку
заместа сваіх даўгіх валасоў
але так і не ўзяцца нажніцаў

так я і еду туды дзе нараджаецца снег
кожны дзень
хаваючы недасканаласць быцця
гэты снег – гуманіст
ён нікому нічога не абяцаў
ён проста быў
нараджаўся і паміраў

ён мог зацярушыць дзе заўгодна
ў арменіі ці кактэбелі
наваліцца ўсім цяжарам прымусовасці
і гэтак жа хутка раставаць
перадаўшы золкасць як эстафету
каб пасля здзіўляцца чаму маю такія халодныя рукі і
пяткі
і спрабаваць адхукаць пальцы
у бессэнсоўнасці такога занятку
я і мой снег будзем бавіць гадзіны ў ложку
так і не здолеўшы прызнацца
адно аднаму
ў сваёй адзіноце

∅

where snow falls today
I will be absent
where silence attempts a confession
the intentions of others cannot be made out
and you can gaze for a long time at your impression in the glass
picturing a short cut
instead of your own long hair
but you never pick up the scissors

so I go to the place where snow is born
every day
this snow is a humanitarian
hiding life's flaws
promising nothing
he simply existed
being born and then dying

he could easily have started anywhere
in Armenia or Crimea
falling with all the weight of his own necessity
then melting away just as fast
having handed over the chill like a baton in a relay race
and afterwards wondering why my hands and heels were so cold
and trying to warm my fingers with his breath
my snow and I would while away the hours in bed
with the futility of such attempts
each unable to confess
this loneliness
to the other

vызначыцца з памерам

колькі месца патрэбна мне
колькі – іншым

выразаць і злучыць часткі
цяпер у мяне свой човен

на беразе
новы
прыгожы

у захапленні сядаю ў яго
уяўляю як гэта быць на вадзе
бяру вясло
і веслую

на пяску застаюцца пісягі

я запрашаю іншых
пасядзець са мной у маім чоўне
заплюшчыць вочы
і плыць

дзіўны атракцыён
некаторым усё ж падабаецца

мой човен на беразе
такі ідэальны
прарэхі аднак робяцца бачнымі ў небяспецы

а значыць
трэба спусціць яго на ваду
і сустрэцца з неідэальнасцю
чоўна
сябе
і іншых

ʂ

determining the size

how much space I need for myself
how much for others

fashioning and fusing the parts
now I have a boat of my own

on the shore
brand new
and beautiful

I sit down in it full of excitement
imagine what it is like to be on the water
pick up an oar
and row

leaving drag marks on the sand

I invite the others
to sit in my boat with me
to close their eyes
and sail

a strange pastime
but some people like it

on the shore my boat
is so perfect
but cracks are made visible in danger

which means
I have to launch it onto the water
and face the imperfections
of the boat
of myself
of the others

пяць кветак
сказаў прадавачцы
дзве раскрытыя
адну напаў
і дзве закрытыя
узнятае брыво
ніколі не мела такога датошнага пакупніка

пяць кветак для віннай бутэлькі зашмат
занадта вузкае рыльца
занадта малая я
на тваім фоне
мая гара
маё возера

таму падзяляю іх
тры
адна і адна
гэта дзіўная звычка дарыць
цотную колькасць кветак
памерлым

быццам недастаткова розніцы паміж намі
памерлымі і жывымі

быццам была надзея
што і я разгарнуся бы тыя бутоны

якія
не разгарнуліся

✑

five flowers
he told the florist
two open wide
one just a bit
two more still buds
a raised eyebrow
never has she had such an exacting customer

five flowers don't fit in a wine bottle
the neck is too slim
and I am too small
against your background
my mountain
my lake

so I divide them up
three
then one and one
that weird custom of giving
an even number of flowers
to the dead

as if there weren't enough differences between us
being dead and alive

as if there were hope
that I too might unfurl like those buds

which
never did

ᴔ

і сніла яна слова

і прачыналася
і не памятала яго

і было тое слова простым і цэльным
такім што рабілася ціха і лёгка
быццам цяпер вядома ўсё

і рабілася ўсё зразумелым
патлумачаным і відавочным

і хацела яна прыгадаць тое слова

і шукаючы вучыла розныя мовы
мацала языком дзёслы
свае і людзей іншых
слухала птушак і чула дрэвы
слухала шоргат і чула восаў
слухала ціш і не чула слова

і вярталася тады ў гарады
і сядзела там моўчкі
каб не спудзіць рахманае сваё слова
і сярод натоўпу бачыла яна розных
і гукала іх – слова, ці ты гэта?
і многія ёй адказвалі
і многім яна верыла
бо верыць хацела бо стамілася бо доўга ўжо не спала
і пачала сумнявацца можа і няма таго слова
каго не пытала ніхто пра яго не ведаў
сказалі толькі аднойчы
слова тое будзе апошнім
і як прыгадае яго забудзецца на астатніх
і сама станецца словам

∅

and she dreamt about the word

and she awoke
and she could not remember it

and the word was simple and whole
making the world quiet and light
as if everything were now known

and everything became clear
explained and evident

and she wanted to remember the word

and in her search she learnt languages
her tongue touched gums
– her own and those of others –
she listened to birds and heard the trees
she listened to murmurs and heard the wasps
she listened to silence and heard not a word

and she returned to the cities
and sat there in silence
so as not to scare off her timid word
and among the crowd she saw others
and called to them – word, is that you?
and many of them answered her
and many of them she believed
because she wanted to believe because she was tired
    because she hadn't slept in so long
and she began to doubt whether her word even existed
no matter who she asked, no one had heard of it
only one time somebody said
this word will be the last word
and when you remember it you will forget all others
and will become a word yourself

Biographical Notes

VOLHA HAPEYEVA (*Вольга Гапеева*) is an award-winning Belarusian poet, translator and linguist with twelve books to her name. Her works have been translated into more than ten languages, with poems published in countries including the USA, Austria, Germany, Poland, Russia, Georgia and Lithuania. She writes poetry, prose and drama, as well as children's books. Volha has participated in literary festivals around the world and has completed residencies in countries including Germany, Switzerland and Latvia. Her work won the Belarusian literary prize "Book of the Year" in 2015 and has twice been shortlisted for best poetry book of the year in Belarus. She collaborates with electronic musicians and visual artists to create audio-visual performances. A member of the Belarusian PEN Centre and the Independent Belarusian Writers' Union, Volha also translates poetry from English, German, Chinese and Japanese. She holds a PhD in linguistics.

Based in Edinburgh, ANNIE RUTHERFORD champions poetry and translated literature in all its guises. She works at StAnza, Scotland's international poetry festival, and translates from German, French and Belarusian. Her translation from German of Nora Gomringer's selected poems, *Hydra's Heads*, appeared with Burning Eye Books in 2018, and her translation of Isobel Bogdan's novel *The Peacock*, also from German, is forthcoming in 2021 with V&Q Books. Annie co-founded the literary magazine *Far Off Places* and the Poetree festival in Göttingen (Germany). She is currently fictions editor for *The Interpreter's House* and runs the Women in Translation book club for Lighthouse Bookshop. She has performed at festivals in the UK, Germany and the Netherlands, and has had translations commissioned by Poetry International and the BBC. She is currently working on translations of Annette von Droste-Hülshoff and Kinga Toth.

www.ingramcontent.com/pod-product-compliance
Ingram Content Group UK Ltd.
Pitfield, Milton Keynes, MK11 3LW, UK
UKHW042238150426
470006UK00003B/130